José Carlos Pereira

# Renovação paroquial

Comunidade de comunidades
em vista da missão

**Dados Internacionais de Catalogação na Publicação (CIP)**
**(Câmara Brasileira do Livro, SP, Brasil)**

Pereira, José Carlos
    Renovação paroquial : comunidade de comunidades em vista da missão / José Carlos Pereira. – São Paulo : Paulinas, 2014. – (Coleção discípulo missionário)

    Bibliografia.
    ISBN 978-85-356-3706-9

    1. Comunidade - Aspectos religiosos - Igreja Católica   2. Missão da Igreja   3. Paróquias   4. Renovação da Igreja   5. Teologia pastoral   I. Título.   II. Série.

14-00650                                       CDD-253

**Índice para catálogo sistemático:**
1. Renovação das paróquias : Missão pastoral : Cristianismo   253

1ª edição – 2014

| | |
|---:|:---|
| Direção-geral: | *Bernadete Boff* |
| Editores responsáveis: | *Vera Ivanise Bombonatto* |
| | *Antonio Francisco Lelo* |
| Copidesque: | *Ana Cecilia Mari* |
| Coordenação de revisão: | *Marina Mendonça* |
| Revisão: | Sandra Sinzato |
| Gerente de produção: | *Felicio Calegaro Neto* |
| Projeto gráfico: | *Manuel Rebelato Miramontes* |

*Nenhuma parte desta obra poderá ser reproduzida ou transmitida por qualquer forma e/ou quaisquer meios (eletrônico ou mecânico, incluindo fotocópia e gravação) ou arquivada em qualquer sistema ou banco de dados sem permissão escrita da Editora. Direitos reservados.*

**Paulinas**

Rua Dona Inácia Uchoa, 62
04110-020 – São Paulo – SP (Brasil)
Tel.: (11) 2125-3500
http://www.paulinas.org.br – editora@paulinas.com.br
Telemarketing e SAC: 0800-7010081

© Pia Sociedade Filhas de São Paulo – São Paulo, 2014

"A renovação das paróquias no início do terceiro milênio exige a reformulação de suas estruturas, para que seja uma rede de comunidades e grupos, capazes de se articular conseguindo que seus membros se sintam realmente discípulos missionários de Jesus Cristo em comunhão."
(Documento de Aparecida, n. 172)

# Sumário

Introdução ....................................................................... 7

I. A proposta de renovação da paróquia
no Documento de Aparecida .................................................. 15

   1. A paróquia em células: comunidade de comunidades ........ 16

   2. Paróquias: casas e escolas de formação
   de comunidades ........................................................... 22

   3. A renovação das estruturas paroquiais ......................... 24

   4. Rede de comunidades: a setorização da paróquia ........... 28

   5. Paróquias com novas estruturas pastorais ..................... 31

II. Os desdobramentos da V Conferência para
a renovação das paróquias ................................................. 41

   1. A Missão Continental: as etapas da
   renovação paroquial ...................................................... 42

   2. As Diretrizes Gerais da Ação Evangelizadora da Igreja
   no Brasil (2011-2015): um passo importante no
   processo de formação para a missão ................................ 51

3. A 51ª Assembleia Geral dos Bispos e o enfoque na dimensão da renovação da paróquia para torná-la comunidade de comunidades.................................53

III. Recenseamento paroquial: um instrumento para a renovação da paróquia.........................................59

   1. Conhecer para renovar: proposta de um recenseamento paroquial....................................60

   2. O que é um recenseamento paroquial...................62

   3. Para que serve o censo paroquial e quais são seus objetivos....................................64

   4. Razões para um recenseamento em vista da renovação paroquial....................................69

IV. Procedimentos práticos para a renovação paroquial.............77

   1. Setorização da paróquia....................................81

   2. Descentralização das atividades da matriz.......................82

   3. Formação de comunidades....................................83

   4. Formação de agentes....................................83

   5. Adoção de uma postura missionária.........................84

   6. Conversão pessoal e comunitária..........................85

   7. Conversão pastoral....................................85

   8. Ousadia missionária....................................88

   9. Ir ao encontro dos afastados................................89

Considerações finais....................................91

Bibliografia....................................95

# Introdução

A renovação paroquial é uma urgência, um clamor profético para deter o processo de enfraquecimento da Igreja que vem ocorrendo nas últimas décadas no Brasil, reflexo de um processo de secularização desencadeado na Europa há anos e que, devido à globalização, chega até nós rapidamente, provocando mudanças de paradigmas e valores que representam desafios para as nossas pastorais e, sobretudo, para a missão das paróquias. Dentro desse contexto mais amplo, urge a necessidade de renovação paroquial. Renovação de suas estruturas pastorais, administrativas, para coaduná-las com a missão.

Assim, o apelo é de uma paróquia mais missionária, em estado permanente de missão, e, para que isso aconteça, é preciso que ela passe por uma reorganização. Eis, portanto, a proposta deste subsídio: apontar caminhos, procedimentos práticos para uma renovação paroquial.

8      Renovação paroquial

Hoje muito se fala em renovação paroquial, mas, na prática, pouco ainda se tem feito. Para esse empreendimento, temos diversas ferramentas teóricas, mas poucas indicações de pistas de ação. Foi pensando nisso que preparei este subsídio. Ele pretende ser um instrumento que vá além da teoria. Deseja ser algo que aponte sugestões práticas para a renovação paroquial. Ele é fruto de cursos e palestras que tenho ministrado sobre o tema em diversas paróquias e dioceses do Brasil e que resumi aqui, em formato de livro, buscando facilitar a aplicação dessas indicações no dia a dia das paróquias. São indicações fundamentadas e extraídas dos últimos documentos do Episcopado Latino-Americano e do Caribe, bem como de documentos produzidos no Brasil pela Conferência Nacional dos Bispos do Brasil (CNBB). Esses documentos apontam caminhos, pistas de ação e dão indicações de operacionalização que ajudam no processo de reorganização das paróquias. O que falta é estudá-los e colocá-los em prática. Assim sendo, este livro busca trazer os elementos básicos desses documentos para o "chão" de nossas paróquias, de modo que eles sejam mais conhecidos e praticados.

De antemão, vale lembrar que refletir sobre a renovação paroquial é simples. Difícil mesmo é colocar em prática tal proposta. Sabemos os caminhos, os procedimentos, mas nos falta ainda o ardor missionário para agirmos dentro desse processo, pois ele exige a renovação de nossas estruturas paroquiais e a conversão para a missão, e muitos ainda não estão preparados ou dispostos a isso. Sabemos que não se faz reorganização estrutural das paróquias sem a conversão dos seus agentes. Assim sendo, esta reflexão busca apontar os apelos da Igreja, através dos seus principais documentos dos últimos anos, e questionar nossa postura diante desses apelos, apontando as questões e os desafios centrais para organizar uma paróquia que seja verdadeiramente comunidade de comunidades, porque essa é a principal meta da renovação paroquial.

Desde a V Conferência do Episcopado Latino-Americano e do Caribe, a paróquia tem sido tema central de reflexão na Igreja. Até então se falava muito em missão, mas os espaços das paróquias não eram vistos como campo de missão e nem se alardeava a importância dela como lugar de formação dos discípulos missionários. A partir da V Conferência, a Igreja lançou luzes sobre as paróquias e, sabiamente, enxergou nelas um espaço privilegiado para a formação de missionários e lugar onde a missão deve começar. Vale lembrar que, se não formos missionários nas nossas paróquias, dificilmente seremos missionários em outros lugares. Muitos investimentos na missão *ad gentes* não têm dado certo, porque para essa modalidade de missão são enviadas pessoas que não foram missionárias nos seus lugares de origem, nas suas paróquias. Quando isso acontece, o resultado é catastrófico, pois o que se espera de todo missionário, sobretudo dos missionários da missão *ad gentes*, é que tenham sido missionários nas suas paróquias e que, além da prática, tenham recebido formação para a missão.

Assim sendo, o Documento de Aparecida chama a atenção para a formação permanente de missionários em nossas paróquias, dizendo que "se queremos que as nossas paróquias sejam centros de irradiação missionária em seus próprios territórios, elas devem ser também lugares de formação permanentes" (DAp, n. 306). Dessa forma, a tônica recai sobre a formação de missionários em nossas paróquias, de modo que ela, a paróquia, adote uma postura missionária. Adotar tal postura significa que todos os trabalhos da paróquia, até aqueles que parecem nada ter de missão, sejam missionários. Quando o pároco, seus vigários paroquiais e demais agentes de pastoral leigos e consagrados adotam posturas missionárias, toda a paróquia se torna missionária, pois os trabalhos desenvolvidos por esses agentes serão trabalhos missionários.

Mas, para que isso aconteça, é preciso mexer na estrutura da paróquia, fazendo com que ela passe de uma paróquia com pastorais de manutenção, centralizadora, para uma paróquia que seja rede de comunidades. Por essa razão, o Documento de Aparecida propôs a formação de redes de comunidades nas nossas paróquias, porque esse é o procedimento mais indicado para torná-la missionária. Na esteira de Aparecida, tivemos o Projeto de Evangelização: a Missão Continental, que acentuou esse procedimento nas paróquias, vendo nele algo essencial para a missão. Nessa mesma linha, os bispos do Brasil lançaram as Diretrizes Gerais para a Ação Evangelizadora da Igreja (2011-2015), enfatizando entre seus desafios a formação de comunidades nas paróquias e trazendo como um de seus eixos de reflexão a "Igreja, comunidade de comunidades". Por se tratar de um assunto medular no processo de evangelização permanente e na formação de uma paróquia missionária, ele foi eleito para a 51ª Assembleia dos Bispos do Brasil, onde foi refletido o tema "Comunidade de comunidades, uma nova paróquia" (Doc. Estudos da CNBB, n. 104). Vemos, assim, a importância desse tema para a vida de nossas paróquias; a comunidade como o caminho para a reestruturação de nossas paróquias, a fim de que elas se tornem verdadeiramente missionárias.

É nesta direção que conduzo esta reflexão, retomando algumas questões ou desafios centrais para uma renovação paroquial em vista da transformação da paróquia em comunidade de comunidades.

- Quais são estes desafios?
- O que precisamos fazer para responder a eles?
- Que procedimentos tomar diante de uma paróquia ainda centralizadora e com pastorais de manutenção?

Esses e outros questionamentos serão aqui respondidos, buscando apontar caminhos para a formação de comunidades em nossas paróquias. Para isso, é indispensável retomar os últimos documentos mais relevantes da Igreja e extrair deles as propostas para uma paróquia que seja comunidade de comunidades. Quais são esses documentos? O primeiro e mais importante é o Documento de Aparecida. Desse documento, outros se desdobraram. Faremos, assim, num primeiro momento, uma breve abordagem do Documento de Aparecida, extraindo dele as indicações para uma paróquia missionária. Depois resgataremos alguns elementos da Missão Continental, sobretudo do documento "O Brasil na Missão Continental" (Doc. CNBB, n. 88). Em seguida, veremos as Diretrizes Gerais da Ação Evangelizadora da Igreja no Brasil (2011-2012) (Doc. CNBB, n. 94) e os Estudos da CNBB (Doc., n. 104), "Comunidades de comunidade, uma nova paróquia". Com base nesses documentos, apontaremos os desafios e também as pistas de ação para que a paróquia seja comunidade de comunidades.

As reflexões aqui propostas serão práticas e objetivas, sem a pretensão de incursões teóricas pelo complexo universo da Teologia. Enveredaremos, portanto, pelos caminhos da práxis pastoral e da missão. Assim sendo, serão reflexões eclesiológicas, com enfoque na ação pastoral e missionária da paróquia.

# I. A proposta de renovação da paróquia no Documento de Aparecida

Ao analisar o Documento de Aparecida, buscando nele o tema paróquia, vamos encontrar 39 citações. Não é pouco, quando comparado com a grandeza desse documento e a gama de assuntos nele tratados. Dessas 39 citações, duas dão destaque à paróquia, de modo que tudo que fala sobre essa matéria é extraído dos números 170 e 304 desse documento. Mas o que há de tão importante neles no que se refere às nossas paróquias? Eles trazem as indicações medulares para qualquer trabalho missionário. São constatações e pistas de ações que, se postas em prática, colocarão a paróquia em estado permanente de missão. Dessas pistas surgiram outras, ampliando e visibilizando a sua importância. Vejamos rapidamente estas indicações.

# 1. A paróquia em células: comunidade de comunidades

Do n. 170 até o n. 177, encontramos o tema central de nossa reflexão: a proposta de uma paróquia que se torne uma comunidade de comunidades. Ou seja, a estrutura da paróquia deve formar e fomentar comunidades. Se não for assim, ela perde sua razão de ser e se empobrece. A paróquia que não se preocupa com a vida de comunidade fica estagnada, sem ação missionária, encerrando-se no seu conceito jurídico e administrativo.

Porém, não é fácil formar uma comunidade, porque comunidade se subentende consciência do seu significado, compromisso e responsabilidade. À vista disso, não se forma comunidade por determinação. Não basta sair por aí comprando terreno e levantando templos, pois eles não se tornarão comunidades se antes não existir uma conscientização sobre esse modo de vida e, sobretudo, uma conversão para viver essa proposta eclesial. Há párocos que até procedem assim, supondo formar comunidade por decreto, imposição, ou ação isolada, mas esse procedimento não funciona. O que se cria com isso são capelas, templos, que correm o risco de reproduzirem um modelo centralizador de paróquia, mas não uma comunidade no seu sentido verdadeiro. Comunidade é lugar de comunhão, de partilha, de

## I. A proposta de renovação da paróquia no Documento de Aparecida

solidariedade. Lugar onde um grupo de pessoas se reúne e celebra a vida em todas as suas dimensões. Nisso consiste uma comunidade, e não apenas em um templo onde se reproduzem estruturas arcaicas de comportamentos religiosos, mas sem compromissos ou laços afetivos.

Assim, comunidade é uma espécie de "célula" que ajuda a conferir vida a um corpo, que é a paróquia. Desse modo, as comunidades são células vivas da paróquia, enquanto as paróquias são células vivas da diocese, que, por sua vez, formam as células vivas da Igreja como um todo. Temos, assim, uma espécie de corpo eclesial, com cada célula cumprindo o seu papel. Assim sendo, as comunidades da paróquia são células que ajudam a compor um corpo em que a vida pulsa em todas as suas dimensões.

É nesse sentido que o Documento de Aparecida usa a expressão "células vivas da Igreja". Essa expressão não é nova, como muitos imaginam. Ela vem de outros momentos fortes de mudança da Igreja, como o Concílio Vaticano II e seus desdobramentos. A primeira vez que se tem notícia do uso dessa expressão foi no Decreto *Apostolicam Actuositatem*, sobre o apostolado dos leigos, do Papa Paulo VI, datado de 18 de novembro de 1965. Portanto, tal expressão tem mais de 50 anos e foi usada na época para reforçar a unidade da Igreja. Célula tem sentido de unidade. É um termo oriundo da biologia, mas que expressa muito bem o que desejamos quando falamos de comunidade de comunidades.

Assim, comunidade é lugar de unidade, de entrelaçamento de ideias, de ações, de pessoas que, com suas diferenças, estão unidas por algo em comum, que é Cristo, dentro de um corpo, que é a Igreja, que, neste caso, é representada pela paróquia, irradiando suas energias e somando forças, conferindo vitalidade a esse corpo. É neste sentido que essa sentença foi usada. Porém, nesse documento de Paulo VI, enfatizava-se a unidade das paróquias com as dioceses. As paróquias eram vistas como uma célula da diocese e deveriam comporta-se como tal. Diz o Decreto do Apostolado dos Leigos: "Cultivem o sentido de diocese, de que a paróquia é como uma célula, e estejam sempre prontos, à voz do seu pastor, a somar as suas forças às iniciativas diocesanas" (n. 10). Essa recomendação expressa muito bem o sentido da unidade que deve existir na comunidade. A paróquia não deve ser uma Igreja particular, que age por conta própria, sem vínculo ou sem dar satisfações ao bispo, mas sim uma Igreja filiada à diocese, sintonizada com suas ações e que coloca em prática as suas recomendações e orientações, sem perder a particularidade própria de cada realidade missionária em que está inserida. Com esse espírito de unidade a paróquia torna-se comunidade, ou seja,

# I. A proposta de renovação da paróquia no Documento de Aparecida

comum-unidade com a diocese. Esse é o primeiro passo para que ela passe a ser, de fato, comunidade de comunidades. Sem isso, dificilmente irá formar comunidade em sua estrutura.

A partir, então, desse indicativo caminha-se para a formação da unidade dentro da estrutura paroquial. Porém, antes de tratar da comunidade dentro da estrutura paroquial, quero trazer presente outro momento em que o termo "célula viva da Igreja" foi utilizado. Foi na IV Conferência do Episcopado Latino-Americano, que aconteceu em Santo Domingo, na República Dominicana, em 1992. Ali esse tema voltou reforçando o sentido de unidade das paróquias com as dioceses, mas já apontando também para a vivência dessa unidade dentro das paróquias. Diz o documento: "Em torno do bispo e em perfeita comunhão com ele, devem florescer as paróquias e as comunidades cristãs como células vivas e pujantes de vida eclesial" (Santo Domingo, n. 55). Assim, despontam aqui as comunidades cristãs dentro das paróquias, formando aquilo que a Conferência de Aparecida chamou de "célula viva da Igreja".

É dentro desse contexto histórico que a Conferência de Aparecida retomou a expressão, colocando-a no coração do projeto da transformação ou reestruturação das paróquias em comunidade de comunidades, de modo que toda a conjuntura paroquial seja um aglomerado de comunidades, e não apenas as capelas pertencentes a essa paróquia, como comumente se imagina.

Ainda hoje, quando se fala de comunidade, a primeira imagem que vem à mente é a das capelas. As capelas podem e devem se tornar comunidades, mas não apenas elas. Outras instâncias e grupos da paróquia precisam se transformar em comunidade, sobretudo a chamada "igreja matriz", tão comum no modelo tradicional de paróquia. Aqui está um dos desafios. Como fazer com que a igreja matriz seja uma comunidade? Para que seja uma comunidade, ela precisa dividir, repartir suas ações, sobretudo, as celebrações e atividades formativas, catequéticas etc. Temos, assim, o desdobramento da expressão "células vivas da Igreja", usada em Aparecida como tema central para a formação de comunidade de comunidades. Desse tema central se desdobram outros, que vão formando aquilo que estamos refletindo neste momento, que são os desafios para uma paróquia ser de fato comunidade de comunidades.

Assim, o Documento de Aparecida retoma essa expressão significativa e destaca a importância das paróquias serem células vivas da Igreja, enfatizando-as como lugar privilegiado no qual a maioria dos fiéis tem uma experiência concreta de Cristo, vivendo a comunhão eclesial. Desse

## I. A proposta de renovação da paróquia no Documento de Aparecida

modo, comunidade é lugar de comunhão. Se não houver a experiência de comunhão, não há comunidade. Quando o documento fala disso, não está se referindo apenas à comunhão eucarística, no sentido estrito do termo, mas, sobretudo, à vida de comunidade que se desdobra da comunhão eucarística, tendo como modelo as primeiras comunidades cristãs (At 2,42-47), que se tornaram comunidades porque comungavam com Cristo. Nesses espaços as pessoas eram perseverantes em tudo, como, por exemplo, na escuta dos ensinamentos oriundos da Palavra de Deus, na comunhão fraterna, no partir o pão e nas orações, colocando tudo em comum. Com tais gestos, aí se aprende o temor de Deus, não no sentido de se ter medo de Deus, mas de ser fiel à sua Palavra, colocando-a em prática, o que consiste no amor a Deus e aos irmãos, na solidariedade e na compaixão.

Com isso, dá-se destaque à questão da união, algo tão importante para a vida de comunidade. Onde não há união, não se pode dizer que há comunidade. Isso pode ser um identificador para saber se nas nossas paróquias existe verdadeira vida de comunidade. Assim, podemos perguntar: Há união nos trabalhos da paróquia? As pessoas se ajudam? Há comprometimento com os empreendimentos missionários da paróquia, ou apenas algumas pessoas os assumem, enquanto outras ficam apenas observando ou criticando?

## 2. Paróquias: casas e escolas de formação de comunidades

O Documento de Aparecida destaca ainda o elemento da formação. É preciso que nossas paróquias invistam na formação dos seus leigos, pois somente assim teremos verdadeiros missionários que sabem formar e viver em comunidade. Quando o documento afirma que nossas paróquias "são chamadas a serem casas e escolas de comunhão", está afirmando que a paróquia tem o dever de ensinar as pessoas a viverem em comunidade. Esse é um dos grandes desafios de nossas paróquias: formar pessoas para viverem em comunidade e formarem outras comunidades. Não é algo tão simples, tendo em vista o mundo em que vivemos, que prima pelo individualismo, pela competição, por incitar as pessoas a levarem vantagem em tudo, num clima de competição que não respeita o próximo. Às vezes, essas situações são reproduzidas dentro de nossas paróquias, nos espaços que chamamos de comunidade. Mas que tipo de comunidade é essa em que uns querem prejudicar os outros, onde o eu é mais forte que o nós, onde as vaidades pessoais são mais importantes que o bem comum? Enquanto existir na Igreja, ou seja, nas paróquias, esse tipo de relação, que reflete as relações da sociedade, nós, isto é, nossas paróquias, estaremos

# I. A proposta de renovação da paróquia no Documento de Aparecida

longe de ser uma comunidade cristã. Podemos ser comunidade no sentido social do termo, mas não comunidade cristã, com valores teológicos, onde impera a teologia da graça e não simplesmente as relações de troca. À vista disso, o documento reforça a questão da formação, tornando nossas paróquias lugares de formação permanente. Nisso consiste a expressão "casas e escolas de comunhão". Casa é o lar, lugar de pertença, lugar onde nos sentimos bem, à vontade, lugar que é nosso, de encontro e de convivência entre irmãos. Quando a Igreja se tornar essa "casa", todos se sentirão "em casa" nela e não apenas alguns.

Porém, quando uma comunidade possui dono, com território demarcado, ela não está sendo verdadeiramente comunidade. Uma comunidade não tem dono, é de todos e para todos. O mesmo sentimento que temos em relação à nossa casa devemos ter pela Igreja, para que ela seja comunidade de fato. Além disso, temos a expressão "escola de comunhão", que dispensa comentários. Escola é local onde se aprende. A paróquia precisa ser lugar onde se ensina e se aprende a viver em comunhão, isto é, em comunidade. Enquanto nossas paróquias não se preocuparem em ser escolas de comunhão, elas não serão comunidade.

## 3. A renovação das estruturas paroquiais

Para que tudo isso aconteça, é preciso romper com certas estruturas, sobretudo com estruturas arcaicas, centralizadoras, que reproduzem modelos de Igreja que não respondem mais aos desafios e às demandas da atualidade. Essa reestruturação é fundamental, se quisermos uma paróquia verdadeiramente missionária, comunidade de comunidades. Porém, quando se fala em mexer em estruturas, há muita reticência, sobretudo por parte dos padres. Muitos deles se acomodaram nos modelos tradicionais de paróquias e não estão abertos a mudanças. Não querem perder os benefícios que esse modelo tradicional lhes confere. Precisam, assim, passar por um processo de conversão, porque, se isso não ocorrer, a sua paróquia estará longe de conseguir se reestruturar e se tornar missionária.

O Documento de Aparecida fala de "uma valente ação renovadora das paróquias". É preciso valentia e ousadia para empreender tal reestruturação, pois ela mexerá com estabilidades: estabilidade financeira, patrimonial, estrutural e geográfica, teológica. É preciso mudar conceitos, paradigmas, valores. E nem todos estão preparados para isso. Nesse novo modelo de paróquia, a igreja matriz deixa de concentrar todas as ações em seu espaço e divide com as comunidades as suas atividades. O padre divide suas ações

## I. A proposta de renovação da paróquia no Documento de Aparecida

com os leigos. De início pode parecer algo desestabilizador, mas não é. Pelo contrário, é divisão de ações para somar forças. Essa é a ideia principal que norteia o conceito e a vida de comunidade. Quando as ações são divididas, as forças se multiplicam e todos têm participação ativa, afetiva e efetiva na comunidade. Nasce assim o verdadeiro sentido de comunidade, pois comunidade é muito mais que um espaço geográfico, é um sentimento humano.

Portanto, o objetivo dessa ação renovadora das paróquias é o de torná-la espaço de comunidades, e isso só acontece quando aí se formam espaços de iniciação cristã, espaços de educação, espaços de celebração da fé, espaços de confraternização, espaços abertos às diversidades de carismas, serviços e ministérios, de partilha de dons.

Enquanto em nossas paróquias permanecerem sempre as mesmas pessoas, fazendo sempre as mesmas coisas, ficando tudo concentrado num pequeno grupo, sem dar oportunidade para outros, sem substituição dos agentes de pastoral, quer dizer que ainda não se atingiu o verdadeiro sentido de comunidade renovada. Cabe a cada um olhar para o interior de sua paróquia, visualizar sua estrutura pastoral e administrativa e verificar se ali existe o sentido de comunidade ou se há apenas a formação de "panelinhas". Para isso, verifique quantos anos um agente de pastoral permanece na coordenação de determinada pastoral. Examine quais argumentos são usados para se permanecer na coordenação por muitos anos, como, por exemplo, "não tem ninguém para assumir", "não há pessoas preparadas", "ninguém quer compromisso" etc. Essas são desculpas de quem não quer que outros assumam o seu lugar. Não somos imprescindíveis e nem insubstituíveis. Sempre virão outros depois de nós que poderão fazer igual, ou ainda melhor do que nós. O mais importante é renovar. Quando uma paróquia investe em seus agentes de pastoral, ela sempre terá bons agentes, e esses não precisarão perpetuar-se na mesma função, como acontece, por exemplo, com muitos ministros extraordinários da sagrada comunhão, que assumem o ministério como se fosse o sacramento da Ordem, para sempre.

Paróquia renovada é aquela que vai substituindo os seus agentes de pastoral, de modo que eles permaneçam por determinado tempo em certa função. Depois que cumpriu esse tempo, deve ceder lugar para outro e ir atuar em outras frentes pastorais da comunidade. Isso serve também para os padres. Seria bom que as dioceses estipulassem um tempo determinado para os párocos e que esse tempo não ultrapassasse mais que quatro ou seis anos. Um tempo muito longo, que vá além de seis anos, pode não contribuir para a renovação da paróquia.

## I. A proposta de renovação da paróquia no Documento de Aparecida

Desse modo, a comunidade paroquial renovada faz uma espécie de rodízio de agentes nos trabalhos pastorais. Ela é uma comunidade integradora, e não uma comunidade que dispersa e desagrega.

Uma comunidade integradora é uma comunidade que acolhe a todos, sobretudo seus movimentos de apostolados, que, às vezes, caminham isolados da conjuntura pastoral da paróquia. Quando todos os organismos são integrados, a paróquia se revela na sua dimensão de comunidade. Porém, quando as pastorais, movimentos, grupos e demais organismos caminham isoladamente, fechados em si mesmos, sem se abrir aos demais e aos desafios da paróquia e da Igreja, a paróquia dá demonstração de que não é integradora nem comunidade de comunidades. É importante lembrar que todos os membros da comunidade, independentemente da pastoral ou do movimento que participam, são responsáveis pela evangelização das pessoas e do próprio ambiente em que atuam. Sim, nossos espaços e ambientes de atuação pastoral carecem de evangelização permanente. Quem acha que já sabe tudo, que está pronto e que não precisa mais ser evangelizado, revela seus limites e fraquezas, de modo que, mais do que outros, precisa ser evangelizado, para não dizer convertido. Enfim, reconhecer as fragilidades não é fraqueza, é humildade, e a Igreja precisa de pessoas que sirvam humildemente.

## 28 Renovação paroquial

À vista disso, a missão da paróquia é se abrir para a missão territorial. Parece redundante e paradoxal essa proposta, mas é exatamente isso que a Igreja quer de nossas paróquias, ao pedir que elas se transformem em comunidade de comunidades.

Assim, a tarefa missionária das paróquias é abrir-se às comunidades, assim como ocorreu no Pentecostes (At 2,1-13), conforme pede o Documento de Aparecida, n. 171. É diante de tudo isso que a Igreja apresenta o grande desafio de nossas paróquias: a reformulação de suas estruturas, com tudo o que isso implica. Porém, sem essa reformulação, não se atingirá o objetivo de se formar comunidade de comunidades. O caminho é a formação de redes de comunidades, através da setorização da paróquia em unidades menores.

## 4. Rede de comunidades: a setorização da paróquia

A setorização ou descentralização da paróquia é um passo importante para sua transformação em comunidade de comunidades. O que são setores? Setores, como diz o Documento de Aparecida, são unidades menores, como, por exemplo, as áreas pastorais, os bairros, quadras ou quarteirões, as capelas, as ruas, os grupos de reflexão, enfim, os próprios organismos da paróquia (pastorais, movimentos,

## I. A proposta de renovação da paróquia no Documento de Aparecida

grupos e associações). Todas essas instâncias podem ser setores que ajudam a descentralizar da matriz suas atividades e criar nesses espaços verdadeiras comunidades. Mas, para que esses setores sejam comunidades, é preciso que tenham intensas atividades, como, por exemplo, celebrações, formação, conselhos, atividades pastorais, confraternizações, enfim, vida de comunidade.

A esta altura muitos devem estar se perguntando: Mas como o padre vai dar conta de tudo isso? Vamos precisar de muitos padres? Porém, se fizermos tais perguntas, é porque não entendemos o sentido da descentralização pedida na formação dessas comunidades. O padre não precisa estar o tempo todo nessas comunidades. Elas existem exatamente para delegar responsabilidades e propiciar a participação dos fiéis leigos. Se o padre tiver que sempre celebrar missa em todas essas comunidades, elas continuam clericais e não se enquadram no modelo reestruturado. É apenas uma ampliação da estrutura paroquial já existente. Nesse modelo reestruturado destaca-se o protagonismo do leigo, que assume dirigir as celebrações da Palavra, ministrar as formações sacramentais e os próprios sacramentos, como, por exemplo, os batizados, os casamentos e tudo aquilo que a Igreja permite que leigos façam.

# 30    Renovação paroquial

Uma comunidade onde tudo está centrado na figura do padre não é uma comunidade renovada. Isso não quer dizer que, com esse modelo de paróquia renovada nas suas estruturas, o padre irá perder o seu papel. Pelo contrário, continua sendo muito importante, mas os leigos também terão seu valor, sem, no entanto, diminuir o do sacerdote.

Um dos objetivos da formação e da transformação da paróquia em comunidade de comunidades é fazer com que a Igreja se achegue mais às pessoas, principalmente as mais afastadas. Quando a paróquia divide responsabilidades, ela soma forças. Essa divisão em células, isto é, em setores, significa formação de comunidades. Significa aumento no alcance da paróquia, e assim ela será mais evangelizadora, mais missionária, porque está mais próxima das pessoas, dando-lhes oportunidade de participar mais efetiva e afetivamente.

Muitos não vão até a nossa matriz por achar que ela está muito distante de sua realidade. Uma pessoa que mora na periferia pode se sentir deslocada dentro da igreja matriz, mas se sentirá em casa na comunidade do seu bairro, entre gente igual a ela. A pessoa que participa da comunidade local é tão católica quanto a que frequenta a igreja matriz, no centro da cidade, com a diferença de que ali, na sua comunidade, é conhecida, reconhecida, valorizada, podendo

I. A proposta de renovação da paróquia
no Documento de Aparecida

desempenhar funções que talvez em outros espaços, como o supracitado, ela não conseguiria. Vemos, assim, que a formação de pequenas comunidades possibilita a participação das pessoas em todos os sentidos. Isso sim é comunidade, e não aquele modelo antigo, em que as pessoas vão à igreja para "assistir" à missa e saem de lá tão anônimas quanto chegaram, sem nenhum envolvimento afetivo com as pessoas e com o espaço onde participa da celebração.

Essa mudança de estrutura vale para todas as realidades de paróquia, tanto para as do mundo urbano como para as paróquias rurais. Porém, cada realidade tem o seu desafio e cabe à comunidade paroquial descobrir quais são esses desafios e empreender a missão de superá-los. Uma sugestão para isso é fazer um recenseamento paroquial, a fim de se obter um mapa da realidade. Com esse procedimento ficará mais fácil a descentralização, a setorização em unidades menores. Para isso, é preciso imaginação e criatividade, diz o Documento de Aparecida, n. 173. Somente assim se poderá chegar às multidões de afastados.

## 5. Paróquias com novas estruturas pastorais

Uma das sugestões que o Documento de Aparecida apresenta é a criação de novas estruturas pastorais. Estruturas essas que respondam aos desafios encontrados pela paróquia nas suas respectivas áreas de missão.

Dentre as pastorais que considero uma ferramenta imprescindível no processo de evangelização e na formação de comunidades, estão a Pastoral da Acolhida e a Pastoral da Visitação. Essas duas pastorais são fundamentais nesse processo de renovação paroquial.

## 5.1. Pastoral da Acolhida ou dimensão do acolhimento

A Pastoral da Acolhida se enquadra na dimensão do acolhimento. Uma paróquia que não é acolhedora, não evangeliza. Quando menciono a Pastoral da Acolhida, não falo de mais uma pastoral na paróquia, mas de uma pastoral que esteja permeada com a ação de todos os agentes de pastoral, sobretudo com as ações do padre. Uma paróquia que não prima pelo acolhimento está fadada à estagnação e ao fracasso missionário. A acolhida está na base de todas as ações de evangelização. É o primeiro passo para qualquer trabalho pastoral. A missão da Pastoral da Acolhida é fazer com que todos os agentes de pastoral e a própria paróquia como um todo adotem uma postura acolhedora. Do acolhimento nascem outras ações que colocarão a paróquia em estado permanente de missão. Ela ajuda, sobretudo, a

# I. A proposta de renovação da paróquia
## no Documento de Aparecida

reforçar o sentido e a vivência de comunidade. Paróquia que não acolhe não é comunidade.

A Pastoral da Acolhida ou a dimensão do acolhimento como parte do processo de renovação da paróquia significa muito mais do que recepcionar bem na porta da igreja, na hora da missa. Receber bem as pessoas que chegam para as nossas celebrações é muito importante e, talvez, seja um dos passos mais visíveis do acolhimento, mas a Pastoral da Acolhida não se pode limitar a essa ação, porque, se fizer isso, perde a função de reorganizar as estruturas dessa Igreja que se quer acolhedora em todas as suas dimensões. Imagine o que aconteceria se você desse uma bela festa, acolhendo bem os convidados ao chegarem, mas, uma vez dentro do recinto, começasse a explorá-los, maltratá-los ou até a ignorá-los? Eles logo abandonariam a festa e nunca mais aceitariam outro convite. A mesma coisa acontece na comunidade paroquial. Receber bem os que chegam para a celebração é de suma importância, mas, depois disso, vem a parte mais desafiadora da Pastoral da Acolhida: fazer com que as pessoas que recebemos continuem sendo alvo da nossa atenção e simpatia, do nosso carinho, da nossa estima, de modo que sejam de fato um membro da comunidade. Isso nem sempre é fácil, porque a comunidade é também lugar de conflitos e contendas, mas, não obstante isso, deve ser lugar de perdão, reconciliação e amor fraterno. Somente o amor e o respeito humano nos tornam capazes de compreender as diferenças e as limitações uns dos outros, fazendo com que sejamos capazes de superar as fases mais desgastantes da vida em comunidade.

Acolher é também receber o outro como ele é, admiti-lo no espaço que já estamos e fazer com que ele se sinta à vontade. Quem chega primeiro recebe e acolhe os que vêm depois. Essa é a regra básica da boa convivência. Se hoje estamos na comunidade desenvolvendo algum tipo de atividade é porque um dia alguém também nos acolheu e nos deu essa possibilidade. Para ser o que somos hoje e ter o que temos, muitos nos estenderam a mão, muitos nos acolheram, muitos foram solidários conosco. Talvez alguém possa dizer: "Tudo o que tenho é fruto do meu esforço!". Em parte isso é verdade, mas não totalmente. Ninguém consegue tudo o que tem sem a ajuda de outras pessoas. Fazemos a nossa parte, mas sem ajuda não vamos a lugar algum. É esse o sentido de comunidade. A comunidade é aquele espaço onde as pessoas se ajudam, são solidárias, rompendo com o clima competitivo da sociedade. Por essa razão, a Igreja enxerga na comunidade a sua ferramenta mais eficaz para se chegar ao Reino de Deus. Acolher é, portanto, aceitar, deixar que o outro venha fazer parte da nossa comunidade e não ver nele um concorrente, mas, sim, um colaborador, alguém que vem para somar. É também dar crédito a quem

## I. A proposta de renovação da paróquia
### no Documento de Aparecida

chega e levar em consideração que, se essa pessoa procurou a comunidade, é porque ela quer colaborar, oferecer algo de si, então, a nossa missão como cristão é acolhê-la da melhor forma possível e dar oportunidade para que desenvolva os seus dons. Todos nós ganhamos quando acolhemos bem e possibilitamos que o outro cresça no nosso meio.

Assim sendo, a Pastoral da Acolhida é parte integrante do processo de evangelização e renovação da paróquia, porque ela ajuda a revelar, nos seus membros e nas ações que eles desenvolvem na comunidade, o rosto acolhedor de Jesus, cheio de misericórdia e compaixão. Revela a face mais sublime da comunidade como lugar da manifestação de Deus. Quem acolhe revela Deus nos seus gestos.

A acolhida como graça, sem esperar nada em troca, é feita simplesmente por amor e pelo desejo de que todos estejam unidos. Por isso, a Pastoral da Acolhida, antes de ser um trabalho, uma tarefa ou mais uma pastoral, é uma atitude evangélica que brota de um coração convertido pelo amor misericordioso do Pai. É uma ação concreta que ajuda as pessoas a se sentirem mais importantes, a se sentirem como filhas de Deus e, também, amadas e queridas umas pelas outras.

Uma pessoa que chega à comunidade e é bem acolhida tem vontade de ficar. E, se a acolhida foi verdadeira, ela permanece de fato. A boa acolhida é uma das qualidades mais importantes de nossas paróquias e um procedimento fundamental para a sua reestruturação no processo de se tornar comunidade de comunidades. Paróquia que acolhe bem terá sempre bons agentes de pastoral e com isso crescerá sempre mais.

## 5.2. Pastoral da Visitação ou dimensão missionária

A Pastoral da Visitação é de suma importância. Ela é uma ferramenta eficaz no processo de evangelização permanente e na formação de comunidades. Com a Pastoral da Visitação a Igreja sai dos seus templos e vai até as pessoas, sobretudo as afastadas, e as inclui na comunidade. Com essa pastoral se poderá obter um retrato fiel da comunidade paroquial missionária. Ela poderá ajudar a paróquia no processo de setorização e na formação de comunidades nesses setores, por isso é tão importante.

Paróquias que ainda não tenham essas duas pastorais de ponta no processo de evangelização apresentarão mais dificuldade na renovação de suas estruturas.

A Pastoral da Visitação representa a dimensão missionária da paróquia, na sua ação mais concreta e evidente. É aquela que vai ao encontro das multidões de afastados, como pede o Documento de Aparecida. Cada agente dessa

# I. A proposta de renovação da paróquia no Documento de Aparecida

pastoral é um discípulo missionário que vai ao encontro das "ovelhas perdidas da casa de Israel" (Mt 10,6).

Como o próprio nome diz, a Pastoral da Visitação é a ação do pastor que visita, que vai ao encontro de suas ovelhas (Lc 15,4-7), que promove a vida daqueles que se desviaram ou ainda não encontraram o caminho. Assim, o agente dessa pastoral dá prioridade às pessoas que estão afastadas. É um gesto de acolhimento e solidariedade com os que, por algum motivo, se afastaram ou nunca frequentaram a comunidade.

Há em nossas paróquias um número muito grande de pessoas que se consideram católicas, em razão do seu batismo, mas que não participam da comunidade. Ou, ainda, há as que participam apenas em ocasiões específicas, como, por exemplo, em dias de batizados, casamentos ou missa de sétimo dia. Esses católicos são como ovelhas sem pastor (Mc 6,34), estão vulneráveis, à mercê dos "lobos" que ficam à espreita (Jo 10,12-13). Deixar de cuidar dessas ovelhas é ignorar o apelo de Jesus (Mt 25,31-46), é falhar na missão, é manter uma estrutura de paróquia estagnada, que não proporciona a mobilidade de seus agentes de pastoral.

O Documento de Aparecida chama a atenção para essa realidade, ao afirmar que "o número de católicos que chegam à nossa celebração dominical é limitado; é imenso o número dos distanciados, assim como o número daqueles que não conhecem a Cristo" (DAp, n. 173). Destaca ainda que essa realidade "está exigindo de nós imaginação e criatividade para chegar às multidões que desejam o Evangelho de Jesus Cristo" (DAp, n. 173). Se queremos uma paróquia renovada, em permanente estado de missão, faz-se urgente que saíamos do comodismo ou de pastorais centradas apenas no interior dos templos, para irmos ao encontro das pessoas, dos necessitados, tendo como exemplo Maria, a Mãe de Jesus, quando se dirigiu apressadamente à região montanhosa para visitar a prima Isabel que dela necessitava (Lc 1,39). A pressa de Maria significa a urgência da situação. Os afastados, ou que precisam de nós, não podem mais esperar.

O Documento de Aparecida lembra ainda que "particularmente no mundo urbano, é urgente a criação de novas estruturas pastorais, visto que muitas delas nasceram em outras épocas para responder às necessidades do âmbito rural" (DAp, n. 173). A Pastoral da Visitação, embora não seja novidade (ela tem sido destaque desde o projeto de evangelização da virada do milênio: "Rumo ao Novo Milênio"), traz no seu bojo o germe da renovação paroquial para uma Igreja em estado permanente de missão. Agora ela vem ao encontro das propostas da Igreja nascidas na V Conferência e ampliadas na Missão Continental, nas

## I. A proposta de renovação da paróquia no Documento de Aparecida

Diretrizes Gerais da Ação Evangelizadora da Igreja no Brasil (2011-2015) e no Documento de Estudo, n. 104, que pede uma nova paróquia, de modo que ela seja comunidade de comunidades.

Podemos afirmar que a Pastoral da Visitação é uma resposta concreta que podemos dar aos desafios para a renovação paroquial apontados na Conferência de Aparecida.

A Pastoral da Visitação é a Igreja indo ao encontro das pessoas, na pessoa de cada agente dessa pastoral. O padre sozinho não consegue visitar a todos da sua paróquia. E mesmo que conseguisse, não é correto que ele faça tudo sozinho. A paróquia não é formada somente pelo padre, e sim por todos os batizados da Igreja. Quando o padre assume sozinho todos os trabalhos da paróquia, ela empobrece e perde uma de suas maiores riquezas que é o sentido de comunidade. Há anos a Igreja tem destacado a importância do protagonismo dos leigos, mas o que se vê é mais um "clericalismo dos leigos" do que o seu protagonismo enquanto membros leigos da Igreja, batizados que assumem verdadeiramente o seu batismo.

Se queremos uma paróquia que seja comunidade de comunidades, é fundamental dividir trabalho, repartir funções, partilhar a vida e as ações, somar forças. Quanto mais pessoas se dispuserem a visitar outras, mais comunidade nossas paróquias serão. O propósito da Pastoral da Visitação é ser a base para o desenvolvimento das Diretrizes da Ação Evangelizadora da Igreja e, assim, exercer a sua missão com ardor renovado, indo "além de uma pastoral de mera conservação para uma pastoral decididamente missionária [...], fazendo com que a Igreja se manifeste como mãe que vai ao encontro" (DAp, n. 370). Assim, a vida pastoral da paróquia se torna orgânica, de conjunto, comprometida com a vida e a construção do Reino de Deus. E a paróquia, por sua vez, torna-se "uma casa acolhedora, uma escola permanente de comunhão missionária" (DAp, n. 370). Assim, aos poucos, as estruturas da paróquia vão sendo reorganizadas, nascendo assim uma nova paróquia, mais comprometida, mais missionária, mais sinal do Reino de Deus.

# II. Os desdobramentos da V Conferência para a renovação das paróquias

Tratamos até agora de alguns dos apontamentos feitos pela V Conferência do Episcopado Latino-Americano e do Caribe, contidos no Documento de Aparecida, tendo em vista a reorganização das estruturas paroquiais para a formação de paróquias que sejam comunidade de comunidades. Vejamos agora os seus desdobramentos em outros documentos que acentuaram essas e outras indicações e desafios. Começaremos pela Missão Continental e as etapas da renovação paroquial; a seguir, as Diretrizes Gerais da Ação Evangelizadora da Igreja no Brasil (2011-2015), e, finalmente, a 51ª Assembleia Geral dos Bispos e o enfoque na dimensão da renovação da paróquia para torná-la comunidade de comunidades.

## 1. A Missão Continental: as etapas da renovação paroquial

Podemos dizer que a Missão Continental foi a tentativa mais ousada que a Igreja deste continente teve para colocar em prática os elementos centrais da Conferência de Aparecida. Podemos afirmar também que, dentro do método "ver, julgar e agir", usado nessa Conferência, a Missão Continental corresponde à parte do agir. A Missão Continental foi distribuída em cinco etapas, e cada uma delas buscou abarcar os pontos principais de um processo de evangelização em vista da missão permanente, que no final culmina na formação de comunidades.

A primeira etapa começou logo após as conclusões da Conferência de Aparecida (2008) e seu objetivo primordial foi, e ainda é, fortalecer a dimensão missionária da Igreja, envolvendo as paróquias nesse processo missionário. Ela provocou-nos a repensar muitas das nossas estruturas pastorais, tendo como espírito constitutivo a "espiritualidade de comunhão", ou seja, aquela espiritualidade que brota da comunidade e na comunidade, e não uma espiritualidade apenas intimista e individualista, presente em certos movimentos religiosos que não querem compromisso com a paróquia nem com a vida de comunidade. Assim, um dos propósitos dessa primeira etapa foi a conversão pessoal

## II. Os desdobramentos da V Conferência
## para a renovação das paróquias

para a vida de comunidade. Para isso, a missão lançou o desafio de se criarem nas nossas paróquias estruturas abertas e flexíveis, capazes de animar a missão permanente da Igreja. Cada etapa da Missão Continental teve indicativos de ação, tempo delimitado de aplicação dessas ações, propostas e meios para se atingir os objetivos apresentados. E com essa primeira etapa não foi diferente.

A primeira etapa, delimitada entre os anos de 2008 e 2009, teve como meta a preparação e sensibilização dos agentes de pastoral. Foi um passo fundamental, porque correspondeu ao tempo previsto para a conscientização da necessidade da missão. Lamentavelmente não foram todas as dioceses e paróquias que deram esses passos, dificultando a obtenção dos resultados previstos na missão.

A segunda etapa se deu a partir de 2009 e teve como objetivo a formação e o reencantamento dos agentes de pastoral. A partir desse ano, buscaram-se meios e estratégias para reencantar os nossos agentes de pastoral, regatando o seu ardor missionário, o seu gosto pela missão, enfim, revestir-se da dimensão missionária. Sabemos que pessoas desencantadas com a Igreja dificilmente serão missionárias. E temos muitos agentes de pastoral, inclusive padres, desencantados com a missão, que fazem as coisas mecanicamente, por obrigação. Esses deveriam ser os primeiros a serem reencantados.

Na terceira etapa, a partir de 2010, procurou-se trabalhar com grupos prioritários, como, por exemplo, os catequistas, os professores de religião, enfim, pessoas e grupos que exercem atividades em campos específicos, que lidam com muita gente.

A quarta etapa, a partir de 2011, chamada de missões setoriais e ambientais, tratou de aproximar a missão de nós, trazendo-a para determinados setores da sociedade e da Igreja.

Por fim, a quinta e última etapa traz a missão até as nossas paróquias. É a missão territorial (a partir de 2012 em diante). Ou seja, é a hora da missão em nossas paróquias. Assim, a missão territorial é a missão paroquial. É a Missão Continental na paróquia, onde todos os passos mencionados devem ser vividos e celebrados. E esse está sendo o nosso esforço, enquanto Igreja que somos. A Igreja no Brasil vem se empenhando nisso. Está aí, diante de nós, o grande desafio de fazer com que nossas paróquias se transformem em comunidade de comunidades, e esse é um passo importante na missão territorial.

Ampliando o projeto da Missão Continental, a CNBB lançou o projeto "O Brasil na Missão Continental" (Doc., n. 88), onde tratou de definir os objetivos, gerais e específicos, desse empreendimento missionário, destacando a

## II. Os desdobramentos da V Conferência
## para a renovação das paróquias

necessidade de "abrir-se ao impulso do Espírito Santo e incentivar, nas comunidades e em cada batizado, o processo de conversão pessoal e pastoral ao estado permanente de missão para a vida plena" (objetivo geral do Brasil na Missão Continental).

Nos seus objetivos específicos encontramos a meta de "repensar as estruturas de nossa ação evangelizadora para um compromisso de ir e atingir a quem normalmente não atingimos". Aqui vemos contemplada a pastoral da visitação e da acolhida, como foi dito anteriormente, e a formação de pequenas comunidades que possibilitam não apenas a Igreja chegar até os afastados, mas os afastados se achegarem à Igreja.

O projeto da Missão Continental para o Brasil contempla uma pedagogia que conduz as paróquias a uma missão permanente em seus territórios, isto é, a um estado permanente de missão. Porém, para que essa pedagogia funcione, é preciso que as estruturas da paróquia sejam renovadas. Não se pode aplicar uma pedagogia moderna dentro de uma estrutura arcaica. É como colocar vinhos novos em odres velhos, ou remendo com tecido novo em roupa velha. O odre se arrebenta e o rasgo da roupa se torna ainda maior (Mt 9,16-17). É o que acontece também na área da educação. Não adianta ter uma boa pedagogia, se não há reformulação

## 46 Renovação paroquial

das estruturas de ensino. A pedagogia, por melhor que seja, não irá dar resultado, se as estruturas do sistema educacional não forem reformuladas, reestruturadas.

Essas afirmações e comparações servem apenas para ilustrar o assunto que estamos tratando: a pedagogia da missão permanente em nossas paróquias. Há muitas paróquias no Brasil (para não dizer a maioria) que seguem ainda o modelo tradicional, com estruturas centralizadoras. Elas precisam ser reorganizadas para que a pedagogia proposta pela Missão Continental seja aplicada com eficácia. Sem renovação paroquial, a pedagogia da Missão Continental não vai adiante. Boa parte de nossos párocos não sabem qual é a pedagogia da Missão Continental. Assim sendo, como sua paróquia poderá adotá-la? Como foi dito antes, é preciso formação e boa vontade. Se não for assim, vamos continuar nessa mesma estrutura antiga, que pouco ou nada responde aos desafios do mundo atual e da missão.

Mas qual é a pedagogia da Missão Continental? A pedagogia da Missão Continental contempla alguns aspectos que estão relacionados entre si. Se faltar um deles, essa pedagogia perde o seu poder transformador. Não há uma fórmula mágica para isso. É um processo, e os aspectos são mais teológicos que práticos. De cada um desses aspectos se desdobram compromissos.

## II. Os desdobramentos da V Conferência para a renovação das paróquias

São estes, então, os aspectos que permeiam a pedagogia da Missão Continental:

*O encontro com Jesus Cristo*: nossas paróquias precisam ter espaços que proporcionem um verdadeiro encontro com Cristo. Quem dela participa, mas continua do mesmo jeito, sem mudar para melhor, ainda não fez a experiência desse encontro. Quem encontra com Cristo tem sua vida transformada. Exemplos não nos faltam na Bíblia: Mateus, Zaqueu, Maria Madalena, para citar alguns. Esse encontro se dá através do primeiro anúncio (querigma) e segue como um processo que culmina na maturidade cristã. Pessoas cristãmente maduras comportam-se como tal. Uma paróquia renovada a partir desse encontro com Cristo é uma paróquia cujos fiéis têm um maduro comportamento cristão. A esse amadurecimento cristão chamamos de conversão.

*A conversão*: a conversão é outro aspecto da pedagogia da missão de uma paróquia renovada. Além de reorganizar suas estruturas, possibilita a renovação interior de cada pessoa que dela participa. Uma paróquia cujos fiéis não dão sinais de conversão não se pode dizer reestruturada.

Assim, toda renovação paroquial passa pela renovação também de quem dela participa. Essa renovação interior é conversão. Conversão significa mudança. Quem fez o encontro com Cristo, como vimos anteriormente, mas não mudou em nada a sua vida, não pode dizer que se converteu e se não se converteu, não se encontrou com Cristo. Quem se converte responde com atitudes de quem crê, buscando seguir Jesus Cristo conscientemente, como fizeram os apóstolos, discípulos missionários de Jesus Cristo. Quando o Documento de Aparecida traz a expressão "discípulos missionários", está falando de pessoas verdadeiramente convertidas.

Uma paróquia renovada é formada por pessoas convertidas de fato, e não apenas por gente que cumpre preceitos e rituais religiosos, sem compromisso com a vida e o bem dos seus semelhantes. Assim, paróquia renovada é uma paróquia de pessoas que são discípulas de Jesus Cristo.

*O discipulado*: o discipulado é a característica de uma pessoa convertida, e uma pessoa convertida é alguém renovado. Pessoas renovadas promovem uma paróquia também renovada. Paróquia que dá nova forma a suas estruturas, mas não substitui seus membros, não pode dizer que de fato renovou-se no sentido dado pela Missão Continental. Assim, quando temos uma paróquia de pessoas discípulas, isto é, verdadeiramente missionárias, que seguem a Cristo de corpo e alma, obtemos então uma paróquia renovada. O discipulado é o amadurecimento da fé, do amor a Cristo

## II. Os desdobramentos da V Conferência
## para a renovação das paróquias

e aos irmãos, da consciência de Igreja. Isso se dá pelo encontro com Cristo e pelo processo de formação, que deve ser constante e atualizado. Não se pode seguir a Cristo de modo alienado. Quem assim o segue, desiste tão logo reconhece qual é a proposta cristã. Discipulado é consciência cristã, consciência de que existem desafios na missão, mas nem por isso se desiste. Sabe-se que o seguimento é difícil, mas a recompensa da comunhão com Cristo é incomensuravelmente maior.

*A comunhão*: comunhão é ter algo em comum com Cristo. É, portanto, algo essencial na pedagogia da missão permanente. Quem não comunga com Cristo, mesmo se dizendo cristão, não entendeu sua proposta. Comungar não é simplesmente receber a comunhão eucarística, a hóstia consagrada. Se fosse apenas isso, seria fácil. Comunhão é compromisso. A comunhão eucarística se estende na comunhão total com Cristo, com seus ideais, seus projetos, seus ensinamentos. O amor, o perdão, a doação da vida são, por exemplo, alguns elementos da comunhão. Quem comunga na missa, mas não tem coragem de ajudar o irmão, não pode dizer que comungou com Cristo. Quem recebe a comunhão eucarística, mas prejudica seu irmão com pensamentos, palavras e atos, não pode dizer que comunga com Cristo, porque ele não compartilha desses procedimentos. Comunhão se dá na comunidade, como

comidades, mostrando a urgência de se trabalhar esse aspecto em nossas paróquias, de modo que elas se tornem vivas e dinâmicas; na quarta citação (n. 101), encontramos a urgência da setorização das paróquias em unidades menores, como uma das formas de renovação paroquial. Por fim, na quinta referência à paróquia (n. 138), observamos a necessidade de pensar os organismos de articulação dessas pistas de ação para transformar as paróquias em comunidades de comunidade. Dentre esses organismos, destacam-se as assembleias paroquiais, os conselhos paroquiais, enfim, instâncias onde se podem definir os passos a serem dados, envolvendo a comunidade paroquial nesse processo. No n. 138 as diretrizes retomam o desafio da renovação das paróquias, transformando-as em unidades menores, através da setorização. Percebemos, assim, que esses são temas contemplados no Documento de Aparecida e que também ganham destaque nas Diretrizes da Ação Evangelizadora.

Enfim, as diretrizes ora tratadas dizem categoricamente que, se queremos uma paróquia verdadeiramente missionária, é necessário torná-la uma comunidade de comunidades, e, para isso, é fundamental que aprendamos a valorizar as diversas formas de vida comunitária, e não apenas as mais conhecidas, como as Comunidades Eclesiais de Base (CEBs) ou as tradicionais capelas de nossas paróquias. Hoje existem muitas maneiras de se viver em comunidade,

## II. Os desdobramentos da V Conferência para a renovação das paróquias

como as chamadas novas comunidades cristãs, e tantas outras.

Outro passo importante já visto é a setorização da paróquia em unidades menores, formando uma rede de comunidades, de maneira que essas pequenas comunidades sejam células vivas, desenvolvendo no seu interior conselhos e coordenações pastorais que fomentem essa organização de comunidade.

# 3. A 51ª Assembleia Geral dos Bispos e o enfoque na dimensão da renovação da paróquia para torná-la comunidade de comunidades

Por fim, tivemos a 51ª Assembleia dos Bispos do Brasil, que se reuniu em Aparecida, de 10 a 19 de abril de 2013, para tratar do tema da paróquia, enfatizando a dimensão de comunidade de comunidades. Com o tema "Comunidades de comunidades: uma nova paróquia", o Documento de Estudo lançou luzes sobre aquilo que para nós, Igreja no Brasil, é prioridade. De início fez-se uma constatação que é real: nossas paróquias têm, ao logo da história, resistido à renovação de suas estruturas. Isso é sentido quando adentramos as realidades das dioceses e paróquias do Brasil afora. São poucos os que estão empenhados nessa mudança

Paróquias em que há grande contingente de participantes favorecem o anonimato. Isso faz com que ocorram competições e rivalidades para que o indivíduo se sobressaia, reproduzindo, assim, o modelo da sociedade competitiva. Já nas pequenas comunidades, naturalmente todos têm vez e voz. Desse modo, a proposta é a setorização em unidades menores, transformando esses setores, ou unidades, em pequenas comunidades, para que a pessoa, enquanto indivíduo, não seja anulada.

*A comunidade*: a comunidade é o coração do projeto de renovação paroquial. Tornar a paróquia uma comunidade de comunidades é o segundo e maior desafio de nossas paróquias, hoje. Por isso, tem-se pedido a volta aos modelos das primeiras comunidades cristãs, considerando-as como paradigma para comunidades atuais. Não é um retrocesso da Igreja, mas um resgate de valores que se foram perdendo ao longo dos anos e que são essenciais para a vida da Igreja. A Igreja, ou melhor, as paróquias foram influenciadas pela sociedade e se tornaram, na sua maioria, espaços que não mais favorecem a vida de comunidade, reproduzindo o modelo social excludente e competitivo, perdendo, assim, sua característica profética, evangélica e missionária. Por essa razão, urge a necessidade de resgatar o modelo ideal de comunidade, pois a comunidade é o caminho mais eficaz para o seu fortalecimento enquanto Igreja e, consequentemente,

## II. Os desdobramentos da V Conferência para a renovação das paróquias

da sociedade. Como comunidade de comunidades, a paróquia ganha força missionária e pode responder aos desafios da sociedade, tornando-a mais humana.

*A sociedade*: é a instância em que todos nós estamos inseridos, seja como indivíduo, seja como comunidade. Não existe sociedade boa ou má, o que existem são indivíduos despreparados compondo essa sociedade. Numa sociedade em que as pessoas não seguem regras básicas de convivência social não haverá respeito pelo semelhante, pois elas pensarão somente em si. Sendo assim, irão desrespeitar e provocar situações de injustiças, gerando violência e até morte. Mas, se aprenderem a viver e conviver em comunidade, partilhando seus bens, sejam eles materiais ou simbólicos, irão criar uma sociedade justa e fraterna, boa para se viver.

Por essa razão, ao pensar numa renovação paroquial, esses três elementos devem ser contemplados.

Desse modo, urge investir nas pessoas para que aprendam a formar e a viver em comunidade e para que as comunidades concebam uma sociedade pautada em valores éticos e morais, valores cristãos. Nessa dinâmica vamos tornando nossas paróquias espaços de construção de um mundo melhor, que é a proposta central do Evangelho, pois um mundo melhor é um mundo de pessoas melhores, e pessoas melhores estão no caminho da salvação.

Somente através de um investimento dessa natureza poderemos implantar ou implementar ações que renovem as estruturas da paróquia em todas as suas dimensões. Assim sendo, fazer um censo na paróquia é um bom investimento pastoral em vista da missão e da sua renovação.

# 1. Conhecer para renovar: proposta de um recenseamento paroquial

Com a necessidade da implantação de um novo modelo de paróquia, descentralizada e missionária, renovada em suas estruturas, conforme pede o Documento de Aparecida e as Diretrizes Gerais da Ação Evangelizadora da Igreja no Brasil (2011-2015), é fundamental que as informações que a alimentam nos seus trabalhos pastorais estejam atualizadas. Dessa forma, um trabalho de recenseamento paroquial é um importante procedimento para viabilizar o processo de renovação da paróquia previsto no Documento de Aparecida, "que exige a reformulação de suas estruturas, para que seja uma rede de comunidades e grupos, capazes de se articularem, conseguindo que seus membros se sintam realmente discípulos e missionários de Jesus Cristo em comunhão" (n. 172).

Surge, portanto, a necessidade de um esforço conjunto entre as várias esferas administrativas da paróquia, desde

## III. Recenseamento paroquial: um instrumento para a renovação da paróquia

os agentes de pastoral consagrados (padres, diáconos, religiosos, seminaristas etc.) até os demais agentes de pastoral, fiéis leigos, com o intuito de garantir a qualidade da missão e o cumprimento dos princípios evangélicos de uma paróquia renovada em seu ardor missionário, formando assim uma Igreja de discípulos e missionários em estado permanente de missão.

Um projeto de recenseamento paroquial deve abordar desde a logística da pesquisa, o preparo metodológico desse trabalho, as inovações que ela trará para a paróquia, o treinamento dos agentes e a coleta de dados, até a importância da pesquisa para a comunidade paroquial, a diocese e a Igreja como um todo.

Assim, este capítulo pretende mostrar o que é e como deve ser feito um recenseamento paroquial, apresentando um método de pesquisa pastoral.

Recordo de antemão que o recenseamento é uma operação que deve percorrer todo o território da paróquia e revelar quem são seus habitantes, tanto os batizados praticantes quanto os católicos não praticantes, os não católicos e os que se dizem sem religião. Mostrará também quem são, quantos são, onde estão e como vivem essas pessoas. Enfim, o recenseamento paroquial pretende oferecer um retrato de corpo inteiro da paróquia, de modo que se possa

## 64 Renovação paroquial

portanto, um retrato fiel da realidade paroquial, o qual poderá ser usado em diversas instâncias e organismos da paróquia.

## 3. Para que serve o censo paroquial e quais são seus objetivos

O censo paroquial é a principal fonte de dados sobre a situação de vida da população na paróquia. São coletadas informações para a definição de ações pastorais e missionárias em âmbito paroquial, mas que podem servir também para a diocese e os regionais da CNBB. Os resultados desse censo também podem ajudar as iniciativas públicas do município a tomarem decisões sobre investimentos. Além disso, a partir deles, é possível acompanhar o crescimento, a distribuição geográfica e a evolução de outras características da população da paróquia ao longo do tempo. Por essa razão, vale a pena fazer um recenseamento paroquial.

Fazer um recenseamento ou uma pesquisa censitária na paróquia pode ter vários objetivos, mas o principal é conhecer a população do território de jurisdição da paróquia para determinados fins, como, por exemplo, investir em projetos pastorais e missionários acertados e, consequentemente, gerir a paróquia, em todas as suas dimensões,

## III. Recenseamento paroquial: um instrumento para a renovação da paróquia

com mais segurança e, sobretudo, renovar sua estrutura pastoral.

Assim sendo, antes de se fazer uma pesquisa dessa natureza, é bom que se tenha claro os objetivos que se pretende alcançar. Tendo clareza dos objetivos, tudo fica mais fácil, sobretudo para a preparação da ficha ou planilha com as perguntas que os recenseadores irão fazer às pessoas consultadas.

Os objetivos constituem a finalidade de uma pesquisa, ou seja, a meta que se pretende atingir com a elaboração da pesquisa. São eles que indicam o que realmente se deseja fazer. Sua definição clara ajuda em muito na tomada de decisões quanto aos aspectos metodológicos da pesquisa, afinal, temos que saber o que queremos fazer, para depois resolvermos como proceder para chegar aos resultados pretendidos. É assim com qualquer pesquisa e não pode ser diferente em um recenseamento paroquial.

Uma pesquisa deve ter sempre dois tipos de objetivo: um geral e outro específico. No objetivo geral, busca-se captar a realidade amplamente, nos seus aspectos gerais, como a própria característica que o objetivo indica. Por exemplo, o objetivo geral do recenseamento paroquial pode consistir na quantificação e verificação das características sociodemográficas e ocupacionais da população católica do território paroquial, enquanto o objetivo específico pode ser a missão territorial, como pede o projeto da Missão Continental na sua última etapa. Como o próprio nome diz, os objetivos gerais são aqueles mais amplos. São as metas de longo alcance, as contribuições que se desejam oferecer com a execução da pesquisa, neste caso, o recenseamento paroquial. Em geral, o primeiro e maior objetivo de um projeto como esse é o de obter uma resposta satisfatória ao que se deseja pesquisar. No entanto, para se cumprir os objetivos gerais é preciso delimitar metas mais específicas dentro do trabalho. São elas que, somadas, conduzirão ao desfecho do objetivo geral. Por exemplo, se o objetivo geral de um recenseamento paroquial é o de contribuir para o estudo de uma dada realidade social e religiosa da paróquia, os objetivos específicos deverão estar orientados para esta meta, isto é, descrever a realidade, compará-la com situações similares à de outras paróquias e com a realidade da diocese, sistematizar os pontos determinantes para sua ocorrência etc. Cumpridos estes objetivos parciais, certamente a equipe de agente desse recenseamento paroquial conseguirá atingir seu objetivo mais amplo.

Em suma, o objetivo geral (ou os objetivos gerais) é o alvo de maior abrangência ao qual o recenseamento paroquial dá sua contribuição.

## III. Recenseamento paroquial: um instrumento para a renovação da paróquia

Neste caso, o objetivo geral do recenseamento ou censo é a renovação da paróquia em suas estruturas, para responder aos desafios da gestão eclesial em todas as suas dimensões (administrativa, pastoral e missionária). Assim, relaciona-se aos impactos possíveis da renovação paroquial, a partir da utilização dos resultados do recenseamento. O objetivo geral responde à pergunta: "Para que fazer um recenseamento paroquial?".

Já os objetivos específicos são alvos concretos que se buscam alcançar no âmbito do recenseamento. Portanto, cada objetivo específico deve ter uma clara correspondência com os resultados esperados. Neste caso, os objetivos específicos respondem à pergunta: "O que o projeto deseja alcançar com o recenseamento paroquial?". Cada objetivo específico deve ser mensurável e verificável.

Os objetivos gerais e específicos devem ser expressados sucintamente e não em forma de relato, para facilitar sua compreensão. Não confunda os objetivos específicos com as atividades ou com os resultados esperados. Assim sendo, na hora de planejar um recenseamento paroquial, os objetivos devem ser indicados com precisão.

Com os objetivos específicos, pode-se pretender, entre outras coisas: produzir resultados da pesquisa censitária, realizada de modo colaborativo e abrangente; conhecer as características demográficas, como, por exemplo, estrutura por sexo e idade, fecundidade, mortalidade, distribuição espacial, comportamento migratório, práticas religiosas etc. da população residente no território da paróquia em questão; analisar a ocupação dos moradores, incluindo tipos de atividade produtiva, meios técnicos de produção, emprego e desemprego, formas de remuneração, destino da produção, salários, local de trabalho etc.; identificar a formação religiosa das crianças, jovens e adultos, verificando se têm o sacramento da Iniciação Cristã etc. observar as condições de saúde da população, com ênfase na morbidade e na mortalidade, na saúde das mães e das crianças, no acesso aos serviços de saúde e na qualidade do atendimento prestado na medicina tradicional etc. Esses dados todos podem servir para a Pastoral da Saúde, Pastoral da Pessoa Idosa, Pastoral da Criança, entre outras; examinar as condições de vida das populações fragilizadas, como crianças e idosos; identificar as práticas religiosas na comunidade e suas relações com outros fatores sociodemográficos e culturais locais; verificar o domínio e a extensão das práticas religiosas, como, por exemplo, as práticas devocionais e os preceitos religiosos; verificar as situações matrimoniais, os casos de uniões ilegítimas; sistematizar e divulgar os resultados na diocese e regionais, para que complementem seus dados; elaborar e documentar a metodologia com a

III. Recenseamento paroquial: um instrumento
para a renovação da paróquia

finalidade de proporcionar a replicabilidade e a adequação a outras paróquias etc.

Enfim, há uma gama de situações que podem ser colocadas como objetivos específicos. Cada paróquia deve definir os seus e elaborar a planilha com questões que sejam pertinentes aos seus interesses.

## 4. Razões para um recenseamento em vista da renovação paroquial

Mesmo que cada paróquia, conforme a sua realidade, tenha os seus objetivos gerais e específicos para fazer um recenseamento, quero colocar agora algumas razões que justificam um recenseamento paroquial, tendo como fundamento a conjuntura atual da Igreja no Brasil e os apontamentos que nos oferecem alguns dos últimos documentos eclesiásticos mais importantes, como, por exemplo, o Documento de Aparecida, o projeto da Missão Continental e as Diretrizes Gerais da Ação Evangelizadora da Igreja no Brasil (2011-2015), lembrando, porém, que a razão primordial é recensear em vista da renovação paroquial.

O Documento de Aparecida apresenta o grande desafio de despertar nas paróquias a essência do discipulado, protegendo e alimentando a fé do povo e recordando que, em virtude do nosso batismo, somos chamados a ser discípulos e missionários de Jesus Cristo (DAp, n. 10). Para ser possível esse despertar do discípulo missionário que cada um traz dentro de si, é preciso que se renovem algumas estruturas paroquiais, dentre elas a de uma paróquia centralizadora, de pastoral de manutenção, para a de uma paróquia que seja comunidade de comunidades, células vivas da Igreja, comprometidas com a transformação da realidade (DAp, n. 170). Para que isso ocorra, é preciso que se conheça a realidade paroquial. Esse conhecimento só será possível se houver, de fato, um empreendimento missionário, permanente, que vá ao encontro das pessoas afastadas e as encantem para a missão. Sem esse encantamento não se consegue despertar o discipulado nem a missionariedade dos batizados e dos que ainda não receberam o batismo. À vista disso, urge fazer um levantamento da realidade, o qual só é possível através de um recenseamento, isto é, de uma pesquisa séria que possa recolher o maior número possível de informações da população e da sua realidade social. Somente assim se poderá fazer um trabalho consistente e frutuoso. A renovação das paróquias pedida no Documento de Aparecida, n. 172, só poderá acontecer se antes for feito um trabalho de conhecimento da realidade e dos desafios a serem enfrentados. Esse apelo de renovação justifica um recenseamento paroquial, porque ele oferecerá

## III. Recenseamento paroquial: um instrumento para a renovação da paróquia

um retrato da realidade sobre a qual se irá investir missionária e pastoralmente.

O Projeto Nacional de Evangelização: "O Brasil na Missão Continental" propõe um "grande mutirão evangelizador" (p. 7). Fica mais fácil realizar esse mutirão, se a realidade paroquial a ser evangelizada for conhecida nas suas necessidades gerais e específicas. Assim sendo, é preciso o trabalho de conhecimento dessa realidade para que esse e outros projetos missionários se concretizem. O recenseamento paroquial poderá ser uma oportunidade de sair ao encontro das pessoas, das famílias, das comunidades, não apenas para coletar dados e informações, mas também e, sobretudo, para comunicar e partilhar o dom do encontro com Cristo, conforme sugere o Documento de Aparecida, n. 548, e o Projeto Nacional de Evangelização: "O Brasil na Missão Continental" (p. 9).

As Diretrizes Gerais da Ação Evangelizadora da Igreja no Brasil (2011-2015) apresentam cinco urgências na ação evangelizadora, que se resumem nessas cinco palavras: missão; formação; animação; comunidade e serviço. Estas urgências carecem de um conhecimento prévio da paróquia para serem respondidas com ações concretas.

*Missão permanente*: o recenseamento no território da paróquia conduz ao conhecimento aprofundado da realidade paroquial, campo de missão. Conhecendo isso melhor, as ações missionárias são mais acertadas. Só é possível uma paróquia em estado permanente de missão se houver empenho nesse conhecimento aprofundado da sua realidade e dos seus desafios. Assim sendo, o recenseamento paroquial poderá ser o primeiro e o mais importante passo para uma evangelização permanente e para uma paróquia em estado permanente de missão. Dado esse passo, a renovação paroquial começa a acontecer.

*Formação à vida cristã*: conhecendo a realidade paroquial, é possível saber quais as principais carências na área da formação de que a paróquia necessita. Assim sendo, a paróquia poderá canalizar seus esforços no campo da formação, principalmente no da iniciação à vida cristã, com mais eficácia, respondendo, assim, a uma das urgências da ação evangelizadora. Não se pode renovar uma paróquia, se não houver investimento na formação para a vida cristã que resulta na vida de comunidade, projeto prioritário da Igreja no Brasil.

*Animação*: a animação missionária da vida paroquial dependerá também do conhecimento do seu campo de ação. Com os dados recolhidos no recenseamento paroquial, poder-se-ão desenvolver trabalhos de animação bíblica e pastoral que conduzam a paróquia a um estado

## III. Recenseamento paroquial: um instrumento para a renovação da paróquia

permanente de missão, conforme pedem as Diretrizes da Ação Evangelizadora da Igreja no Brasil, nos seus objetivos gerais. A animação bíblica e pastoral deve ser um dos objetivos do recenseamento paroquial, pois, a partir dele, se terá dados concretos para esse trabalho de animação da vida missionária da paróquia.

*Comunidade*: se queremos uma paróquia que seja comunidade de comunidades, é fundamental que se desenvolva bem esse conceito, não apenas teoricamente, mas, sobretudo, na prática. Comunidade supõe grupos de pessoas que se conhecem e partilham suas vidas, colocando tudo em comum, no sentido bíblico do termo. O recenseamento paroquial abrirá caminhos e apontará luzes para que essas comunidades, células vivas da paróquia, se formem e se estruturem adequadamente no seio da paróquia.

*Serviço*: o recenseamento é um serviço em prol da comunidade paroquial, uma ação em prol de todas as pastorais e da conjuntura da paróquia. Com um trabalho dessa natureza, a paróquia estará a serviço da vida plena para todos, pois oferecerá ferramentas a todas as pastorais e aos demais serviços da paróquia, fazendo com que cada um, na sua área de atuação, sirva melhor.

Estes são alguns dos objetivos buscados ao se fazer um recenseamento paroquial, em vista da renovação da paróquia. Existem muitos outros, que variam de acordo com cada realidade ou necessidade. Cabe às paróquias descobrir os objetivos através do recenseamento de sua área pastoral.

Vemos, contudo, que há diversos procedimentos voltados para a missão de renovar as paróquias, e alguns deles já têm dado bons resultados. Esses resultados serão ainda melhores se houver um conhecimento aprofundado da realidade. Qualquer projeto ou ação missionária só será fecundo se antes for feito um trabalho de conhecimento da realidade. Sem conhecer a realidade a ser evangelizada, é infrutífero qualquer trabalho missionário, e qualquer tentativa de renovação pode resultar em repetição de estratégia, com nomes novos, mas procedimentos antigos. Talvez resida aqui o insucesso de determinados trabalhos ou ações missionárias. Esse alerta vale para qualquer tipo de missão, tanto para a missão interna, dentro do território paroquial, como para a missão *ad gentes* (ou *ad extra*), isto é, para fora do país, ou para a missão *inter gentes*, que corresponde àquela missão de ir ao encontro das pessoas, a missão de ir e dialogar com essas pessoas nos seus domicílios ou nos seus locais de trabalho. Assim sendo, o processo de recenseamento paroquial é um processo missionário, com características de missão *inter gentes*. É o agente que vai ao encontro de gente, de pessoas, católicas ou não, recolhendo

## III. Recenseamento paroquial: um instrumento para a renovação da paróquia

informações que possibilitarão um trabalho missionário mais aprofundado e um renovado ardor missionário na paróquia. É um trabalho que possui um antes, um durante e um depois.

O antes corresponde ao planejamento e à formação de equipes; o durante corresponde ao recenseamento paroquial propriamente dito; e o depois corresponde aos encaminhamentos dos dados recolhidos e ao desenvolvimento de projetos missionários com e a partir desses dados. É o que propõe o recenseamento paroquial: fazer uma pesquisa pastoral que possibilite maior conhecimento da realidade paroquial a ser renovada.

Por mais que pensemos conhecer a paróquia que gerimos ou em que atuamos, há sempre situações que escapam ao nosso olhar. O recenseamento paroquial busca fazer um "raio X" da paróquia e revelar a sua realidade concreta. Somente assim será possível desenvolver ações eficazes no âmbito missionário e que sejam inovadoras. Assim sendo, creio que esta proposta seja útil para todos aqueles que desejam uma paróquia missionária, renovada, atenta à realidade que a circunda. Desse modo, a proposta de um recenseamento paroquial vem somar às iniciativas que a Igreja já tem tido no âmbito missionário: de formação de comunidades.

Em suma, é preciso conhecer para renovar e melhor evangelizar. É esta a proposta aqui contida. Se quer conhecer verdadeiramente a realidade dos habitantes de sua paróquia, sua cultura, ou de um grupo específico que ali existe, para atuar em seu benefício, o recenseamento pode ser um método eficiente.

# IV. Procedimentos práticos para a renovação paroquial

Foi dito na introdução que seriam oferecidas aqui indicações de procedimentos práticos para fazer uma renovação paroquial. Diversos apontamentos já foram feitos, mas agora vamos sintetizar tudo o que foi dito, de modo a facilitar a vivência desse processo na prática. São procedimentos que a Igreja no Brasil tem sugerido para que nossas paróquias passem de um modelo centralizador, com uma pastoral de manutenção, para uma paróquia que seja comunidade de comunidades, como estamos falando desde o início. Mas quais são então esses procedimentos? Os procedimentos se resumem numa palavra: reformulação de estruturas. Dessa proposta matriz, nascem as propostas para a renovação paroquial.

Sabemos que reformular estruturas não é um processo simples. Mexer em estruturas representa modificar estabilidades, o que significa tocar em seguranças. Daí resultam o medo e o comodismo, mas esse é o único caminho para se ter uma paróquia renovada.

Desde a Conferência de Aparecida, a Igreja da América Latina e do Caribe, sobretudo no Brasil, tem dado ênfase à gestão eclesial voltada para a missão. Para tanto, é-nos pedida uma renovação paroquial, o que significa renovação estrutural, pastoral e espiritual. Assim sendo, vemos que essa renovação paroquial segue os pilares da gestão, e é nesse sentido que pensei em tratar aqui do tema da gestão eclesial em vista da missão. Gestão essa que conduza a uma renovação paroquial.

Até então, ao falar de gestão eclesial, pensava-se logo em gestão financeira e patrimonial, e ela não tinha como objetivo a renovação, mas apenas a manutenção. Porém, a V Conferência ampliou esse horizonte, mostrando que gestão eclesial não é apenas gerir bens e patrimônios, mas, sobretudo, gerir pastoral e espiritualmente a paróquia em vista da missão. E, para que isso ocorra, é preciso pensar na renovação de suas estruturas e no ardor missionário dos seus gestores.

## IV. Procedimentos práticos
### para a renovação paroquial

Nesse sentido, a ênfase recai sobre a paróquia missionária, a base de nossa Igreja, onde surge a vocação para a missão em todas as suas instâncias. Assim sendo, a paróquia que perde o foco da missão pode ser equiparada a qualquer outra empresa, menos a uma Igreja, porque sem missão não há Igreja.

Diante disso, o objetivo desta reflexão é apontar procedimentos fundamentais para uma gestão eclesial com vista à missão, indicando procedimentos básicos para a renovação paroquial, conforme pede o Documento de Aparecida, n. 170 e n. 304ss, e as Diretrizes da Ação Evangelizadora da Igreja no Brasil (2011-2015). Aparecida cita 39 vezes a palavra paróquia, mostrando a sua importância como lugar privilegiado da missão. As Diretrizes da Ação Evangelizadora da Igreja no Brasil (2011-2015) dá destaque às paróquias e fala das urgências na ação evangelizadora. Ambas pedem a renovação paroquial para que ela se torne verdadeiramente missionária.

Ciente dessa importância, a Igreja no Brasil, através da CNBB, tem dado prioridade a esse tema: paróquia missionária, renovada em suas estruturas, escolhendo, para as suas assembleias e documentos, assuntos voltados para tal realidade. Tem feito apelos para que as paróquias estejam em estado permanente de missão, sendo casa de iniciação cristã e lugar de animação bíblica da vida pessoal e pastoral; que elas sejam comunidade de comunidades, tornando-se, assim, paróquias renovadas no seu ardor missionário, conforme vimos no Documento de Estudo da 51ª Assembleia dos Bispos, em Aparecida.

Dentro dessa perspectiva, o objetivo desta reflexão é lançar luzes para a gestão eclesial na sua conjuntura, fortalecendo os principais pilares da gestão eclesial: financeiro e patrimonial, pastoral e espiritual, e missionário, porque a partir disso se pode pensar numa renovação conjuntural de suas estruturas. Com estes três pilares bem estruturados, a gestão paroquial será eficaz, pois a paróquia estará sendo gerida para a missão. Quem esquece um desses pilares, pratica uma gestão deficiente e sem inovações. É como uma construção que está sustentada por quatro colunas: se uma delas estiver fraca, toda a obra estará comprometida. Assim ocorre com as nossas paróquias. Se nós, como gestores eclesiais, esquecermos uma dessas colunas, toda a sua estrutura pastoral estará comprometida, pois elas estão entrelaçadas entre si e, juntas, sustentam o mesmo edifício, que, nesse caso, é a paróquia.

Desse modo, trato aqui, à luz do Documento de Aparecida, da gestão paroquial na sua conjuntura, mas com ênfase na coluna da gestão missionária, que é o objetivo de

## IV. Procedimentos práticos para a renovação paroquial

toda paróquia, conforme o apelo da última Conferência do Episcopado Latino-Americano e do Caribe. Assim, a renovação paroquial tem como objetivo a missão.

A gestão financeira e patrimonial existe para sustentar a gestão pastoral e espiritual e essas, por sua vez, sustentam a gestão missionária. Temos, desse modo, um entrelaçamento entre elas, mas o objetivo geral é a missão. Assim, o procedimento é fazer com que a paróquia toda adote uma postura missionária, e essa postura só será adotada se houver um empenho de renovação paroquial. Assim sendo, aponto aqui alguns procedimentos práticos para a renovação paroquial.

São procedimentos que a Igreja no Brasil tem indicado para que nossas paróquias passem do modelo centralizador, com uma pastoral de manutenção, para uma paróquia comunidade de comunidades, como estamos falando desde o início.

Vejamos, a seguir, os passos da renovação paroquial, resultado de uma estrutura paroquial renovada.

## 1. Setorização da paróquia

Setorizar a paróquia é dividi-la em setores, que são unidades menores, nos quais possa se desenvolver uma vida intensa de atividades descentralizadas da igreja matriz.

Essa setorização pode ser feita por ruas, quadras ou quarteirões, por capelas, por área pastoral, por grupos de reflexão, ou por outros meios que a paróquia encontrar. Essas setorizações serão células, e essas células formarão comunidades. Vemos, assim, que da setorização se desdobram outros procedimentos que vão caracterizando a renovação da paróquia.

## 2. Descentralização das atividades da matriz

Como já vimos, com a setorização a paróquia descentraliza as suas atividades. As coisas que antes aconteciam somente na igreja matriz passam agora a acontecer nos setores, e estes ganham características de comunidade. Essas comunidades funcionam como células vivas da paróquia. Assim, a paróquia se divide para se multiplicar e se fortalecer, ao contrário do que muitos possam imaginar, enxergando nessa divisão enfraquecimento. Não é divisão no sentido negativo do termo, mas no sentido de expansão de suas atividades.

Numa estrutura descentralizada há mais pessoas agindo e interagindo, o que confere à paróquia o verdadeiro sentido de comunidade. Enquanto no modelo tradicional apenas um pequeno grupo faz sempre as mesmas coisas,

IV. Procedimentos práticos
para a renovação paroquial

num modelo renovado, descentralizado, existe muita gente fazendo muita coisa, somando forças e tornando a paróquia viva.

## 3. Formação de comunidades

Com a descentralização, aquilo que antes estava num único lugar passa a ocorrer em diversos lugares, como, por exemplo, as celebrações, as formações, os sacramentos, as confraternizações, enfim, tudo o que existia na matriz passa a ocorrer nesses pequenos espaços, com grupos menores, onde as pessoas se conhecem e se entreajudam. Nascem assim, nesses setores, comunidades. A paróquia vai se tornando, aos poucos, comunidade de comunidades. Essa é a ideia central da renovação paroquial. Com uma paróquia que seja comunidade de comunidades tudo muda, porque ela mudou sua estrutura. Ao atingir esse estágio, ela estará renovada. Mas não pode parar por aí, é preciso seguir inovando e preparando as pessoas para viverem nesse novo modelo de paróquia. Daí a necessidade de investir na formação, pois dela novos passos e procedimentos surgirão.

## 4. Formação de agentes

O investimento na formação dos agentes de pastoral, leigos e consagrados, é de suma importância nesse processo de renovação paroquial. Sem formação não existe renovação. Quem não se preocupa em formar, mostra que não quer inovar ou reformular as estruturas da paróquia, pois essa estrutura está atrelada às estruturas mentais que temos da Igreja. Por essa razão, é fundamental investir na formação sempre, e não em apenas alguns momentos. Quanto mais formação for oferecida, no sentido de conhecimento das novas propostas da Igreja, mais a comunidade abraçará esse projeto, pois irá entender a necessidade e ajudar no processo de transição para as novas estruturas paroquiais.

No entanto, sabemos que isso não se dá da noite para o dia. É preciso paciência e perseverança. Toda formação sólida é constante, perene e não tem data para terminar. Acentuo aqui a necessidade de formação do clero, começando pelos futuros padres, os seminaristas. Sem mudança de mentalidade, não haverá mudança estrutural, pois uma renovação paroquial não se faz por decreto e, sim, por conscientização.

## 5. Adoção de uma postura missionária

A conscientização leva as pessoas a terem novas atitudes, novas posturas. Quando há investimento na formação, e esse investimento é feito de maneira correta, de modo que atinja a todos, sobretudo os padres, a paróquia adota

IV. Procedimentos práticos
para a renovação paroquial

uma nova postura, missionária, ou com renovado ardor missionário. Sem a adoção de novos procedimentos, não se faz renovação na paróquia. E esses procedimentos não devem significar apenas uma mudança na nomenclatura das ações, e sim no pensamento e nas ações. A isso damos o nome de conversão pessoal e comunitária.

## 6. Conversão pessoal e comunitária

O resultado da formação é a mudança de mentalidade, o que representa conversão. Assim, a conversão pessoal e comunitária é parte integrante do processo de renovação paroquial. Quem quer renovar a paróquia, conforme as sugestões da Igreja no Brasil, mas não passa por esse processo, dificilmente terá uma paróquia renovada nas suas estruturas. A conversão pessoal conduz à conversão comunitária, pois a comunidade é feita de indivíduos. Para isso é preciso, além de formação eclesiológica, formação espiritual e teológica. Sem trabalhar a espiritualidade e os novos desafios teológicos, teremos dificuldade de recompor a paróquia. Esse procedimento exige coragem e ousadia missionária.

## 7. Conversão pastoral

A conversão pastoral significa, em primeiro lugar, tornar mais evangélica e participativa a maneira como pensamos e realizamos a pastoral em nossas paróquias. Para tanto, faz-se necessário escutar com atenção e discernir o que o Espírito Santo está dizendo a nossa Igreja, diante dos acontecimentos e apelos do mundo presente, os sinais dos tempos (DAp, n. 366). Como afirma o Documento de Estudos da CNBB, n. 104, não podemos continuar tendo uma paróquia forte como instituição, mas vazia de vida comunitária real. Ela deve ser forte como instituição, mas também forte de vida comunitária. E para que essa vida comunitária aconteça dentro da atual estrutura paroquial, é preciso conversão pastoral. Essa conversão deve começar pelos agentes de pastoral consagrados (bispos, padres, diáconos, religiosos, seminaristas), pois eles ainda exercem forte influência na formação dos leigos que compõem as nossas paróquias.

Assim sendo, para que aconteça uma verdadeira conversão pastoral, é indispensável que se comece um trabalho de conversão no âmbito diocesano, de modo que isso contribua para o rompimento de estruturas obsoletas. É necessário ter unidade pastoral na diocese para realizar a missão de renovação paroquial proposta pela Igreja.

Se a diocese não caminha conforme a orientação da Igreja no Brasil, as paróquias dificilmente farão esse trabalho

## IV. Procedimentos práticos
## para a renovação paroquial

de unidade. É fundamental, portanto, que haja uma pastoral orgânica, de conjunto, na diocese.

Nessa pastoral orgânica deve existir lugar para todos e envolver a todos, não apenas os padres ou as paróquias. É fundamental que todos os batizados participem e se tornem discípulos missionários de Jesus Cristo. Assim, conversão pastoral é tornar a paróquia envolvente, de modo que todos participem. O Documento de Aparecida afirma: "Nenhuma comunidade deve isentar-se de entrar decididamente, com todas as forças, nos processos constantes de renovação missionária e de abandonar as ultrapassadas estruturas que já não favorecem a transmissão da fé" (DAp, n. 365).

Vemos, assim, que conversão pastoral é abandono de procedimentos pastorais que já não respondem mais aos desafios da evangelização, da missão. Se não fizermos essa renovação pastoral, vamos continuar perdendo fiéis e enfraquecendo nossa Igreja, pois tudo o que não se renova, morre. É indispensável uma pastoral que cumpra o seu papel de transformação da realidade e de evangelização. Para esse modelo de pastoral engajada e comprometida, são exigidos agentes engajados e comprometidos, encantados com a proposta de Jesus Cristo, da qual nossa Igreja é portadora.

Assim, a paróquia precisa ter um Plano Paroquial de Pastoral, e que esse seja, de fato, resultado de um planejamento pastoral da comunidade, e não apenas do pároco ou de um pequeno grupo. O planejamento pastoral deve ser feito com toda a comunidade, gestado no Conselho Paroquial de Pastoral (CPP) e nas reuniões das pastorais. Depois, deve ser legitimado em assembleia (Assembleia paroquial), resultando, assim, num trabalho coletivo, que revele uma pastoral de conjunto, orgânica e encarnada na realidade. Após isso, uma equipe mais reduzida, juntamente com o pároco, pode redigir o documento que servirá de norte para as ações pastorais da paróquia.

Enfim, renovação pastoral é revestimento de todos os organismos da paróquia (pastorais, movimentos, grupos e associações) de renovado ardor missionário, organismos esses que assumam posturas ou procedimentos missionários.

# 8. Ousadia missionária

A ousadia missionária é um procedimento resultante do processo supracitado, ou seja, da formação e da conversão pessoal e comunitária. Dados os passos antes mencionados, esse elemento surgirá naturalmente na ação pastoral. Ousadia missionária é ter ações que respondam aos desafios da realidade paroquial, sobretudo da realidade social.

IV. Procedimentos práticos
para a renovação paroquial

Além da realidade social, há outros fatores que representam obstáculos na missão e que precisam ser enfrentados com coragem e perseverança. Um deles é ir ao encontro das pessoas que se afastaram da comunidade ou que nunca se aproximaram. Cada paróquia deverá, de acordo com a sua realidade, estabelecer suas próprias estratégias para fazer isso.

## 9. Ir ao encontro dos afastados

Renovar a paróquia é criar estruturas que possibilitem ir ao encontro dos afastados. Ir ao encontro dos afastados é um dos apelos que encontramos no Documento de Aparecida. Paróquia renovada é aquela composta de pessoas que não esperam que as outras venham até seus templos, mas sim vão ao encontro delas, nas suas casas, nos seus locais de trabalho, de estudo e de lazer. Uma ferramenta para ir a esse encontro é oferecida pela pastoral da visitação, como mostramos anteriormente.

Além disso, a formação de pequenas comunidades, como vimos antes, também pode favorecer esse encontro. Nas pequenas comunidades, funcionando como células, as pessoas estão mais próximas umas das outras e também dos que se afastaram ou que ainda não se achegaram. Assim, as pequenas comunidades facilitam essa aproximação.

Enfim, vemos com tudo isso que é uma cadeia de procedimentos, estreitamente relacionados, que possibilitam a renovação paroquial. Dado o primeiro passo, os outros surgem naturalmente, ampliando as ações inovadoras que irão conferir à paróquia a tão esperada renovação.

# Considerações finais

Estamos diante do grande apelo da Igreja no Brasil, que é a conversão de nossas paróquias em comunidade de comunidades. Para isso, há grandes desafios, alguns dos quais apontados no Documento de Aparecida e em outros documentos que tivemos aqui a oportunidade de conhecer. E outros que despontam em nossas realidades paroquiais. Todos são passíveis de serem enfrentados, carecendo apenas de empenho e comprometimento de todos, assim como de todas as instâncias da Igreja, começando pelas dioceses, paróquias, ou seja, bispos, padres e leigos. Dos desafios apresentados, destaco resumidamente, a título de conclusão, o mais urgente.

*Renovação ou reformulação das estruturas de nossas paróquias.* Essa renovação consiste, em primeiro lugar, na sua descentralização, que, por sua vez, significa a formação de

# 92 Renovação paroquial

unidades menores, como células vivas, e essas células formarão comunidades.

Assim, a paróquia estará seguindo o processo de renovação pedido pela Igreja. Para isso, então, é preciso *investir na formação*, em todas as suas dimensões, sobretudo espiritual e missionária, de modo que a paróquia *adote uma postura missionária*. Mas sabemos que para atingir tal objetivo será necessário, em primeiro lugar, *conversão pessoal e comunitária*. Vemos, assim, quão desafiador é o processo de transformação da paróquia em comunidade de comunidades, mas acreditamos que não há outro caminho.

Ou vamos por esse caminho sugerido pela Igreja, ou ficamos parados, estagnados, vendo a nossa Igreja fenecer por falta de *ousadia missionária*. Ainda está valendo a proposta para *avançarmos para águas mais profundas*. É hora de soltar as âncoras de nossos barcos, ajeitar as velas e se lançar mar adentro. Os rumos já nos foram apontados. O lado certo para jogar as redes, também. Faltam agora pessoas para, com renovado ardor missionário, tomar o leme e conduzir o barco nessa direção, com as redes em punho. Muitos já estão fazendo essa travessia e se encontram em meio às águas turbulentas da missão. Outros estão ainda ancorados na praia, com medo ou acomodados. Aos que já estão na rota da missão, cabem *chamar os que ainda estão*

# Considerações finais

*nas margens.* Eis um dos tantos desafios que ainda temos para atingir a meta de transformar a paróquia em comunidade de comunidades.

O desafio está lançado também para estudantes de teologia, seminaristas, e para os futuros padres que irão conduzir as paróquias nessa direção.

# Bibliografia

CELAM. Documento de Aparecida. Texto conclusivo da V Conferência Geral do Episcopado Latino-Americano e do Caribe. Brasília/São Paulo: CNBB/Paulus/Paulinas, 2007.
_____. *A Missão Continental*; para uma Igreja missionária. Brasília: CNBB, 2008.
_____. *Itinerário da Missão Continental*. Brasília: CNBB, 2009.
CNBB. Projeto Nacional de Evangelização: "O Brasil na Missão Continental". Documentos da CNBB, n. 88. Brasília: CNBB, 2008.
_____. Diretrizes Gerais da Ação Evangelizadora da Igreja no Brasil (2011-2015). São Paulo: Paulinas, 2011.
_____. *Comunidade de comunidades*; uma nova paróquia. Col. Estudos da CNBB, n. 104. Brasília: CNBB, 2013.
PEREIRA, José Carlos. *Projeto paroquial*; orientações para a implantação de uma evangelização permanente. Petrópolis: Vozes, 2009.
_____. *Pastoral da Acolhida;* guia de implantação, formação e atuação dos agentes. 2. ed. São Paulo: Paulinas, 2010.
_____. *Pastoral da Visitação*; paróquia em estado permanente de missão. São Paulo: Paulus, 2012.

_____. *Paróquia missionária à luz do Documento de Aparecida*; procedimentos fundamentais. Brasília: CNBB, 2012a.

_____. *Pastoral da escuta*; por uma paróquia em permanente estado de missão. São Paulo: Paulus, 2013.

_____. *Serviço de animação vocacional paroquial*; subsídio de implantação, formação e atuação dos agentes. São Paulo: Paulus, 2013a.

_____. *Como fazer um recenseamento paroquial*; metodologia de pesquisa. Uberlândia/MG: A Partilha, 2013b.

---

Impresso na gráfica da
Pia Sociedade Filhas de São Paulo
Via Raposo Tavares, km 19,145
05577-300 - São Paulo, SP - Brasil - 2014